SERVICE FORESTIER
DE L'ALGÉRIE

RAPPORT

ADRESSE A M. LE GOUVERNEUR DE L'ALGÉRIE

PAR M. TASSY

Conservateur des forêts.

SERVICE FORESTIER
DE L'ALGÉRIE

RAPPORT

ADRESSÉ A M. LE GOUVERNEUR DE L'ALGERIE

par M. TASSY
Conservateur des forêts.

Alger, le 5 août 1872.

Monsieur le Gouverneur Général,

Par une décision en date du 27 février dernier, M. le Ministre des finances m'a chargé de venir étudier les modifications dont le service forestier de l'Algérie était susceptible, et de vous présenter le résultat de mes recherches à ce sujet.

Pour accomplir cette mission, j'avais besoin d'explorer le pays. Je suis donc allé dans les trois provinces; j'en ai visité les forêts signalées comme les plus importantes; je me suis mis en rapport avec les agents forestiers et avec tous les hommes capables de m'éclairer. Je ne prétends point cependant être arrivé à une connaissance approfondie de la matière que j'avais à traiter; car je n'ai pu consacrer assez de temps à mes investigations. Mais je crois avoir acquis des notions suffisamment exactes sur les principales exigences du service qu'il s'agit de réorganiser, et je vais avoir l'honneur de vous en faire l'exposé :

Il est clair qu'on ne saurait régler, d'une manière sûre, la gestion d'un domaine, sans connaître
l'étendue de ce domaine, ses limites, sa situation,
sa consistance, ses ressources, les servitudes qui
le grèvent, les dangers qui le menacent.

Je montrerai donc tout d'abord où en est la statistique des forêts de la colonie. Je rendrai compte
des exploitations qui ont été effectuées dans ces forêts, des produits qu'on en a tirés, des travaux
qu'on y a exécutés, des délits qui y ont été commis.

Il résultera de cette première partie de mon travail que le sol forestier de l'Algérie a été fort né-
gligé jusqu'à présent, et que, depuis qu'il est entre
nos mains, loin de s'améliorer, il s'est appauvri. Je
prouverai que cela tient surtout à la mauvaise organisation du personnel préposé à sa surveillance,
et à la faiblesse des moyens d'action dont ce personnel a été pourvu.

J'indiquerai ensuite les mesures qui me paraî-
traient les plus propres à remédier à la situation ; je
calculerai approximativement la dépense qu'elles en-
traîneraient, et j'essayerai d'établir que, quoique
bien supérieure à celle que le service des forêts
occasionne aujourd'hui, cette dépense serait encore
très modérée, à côté des sacrifices que l'État s'impose pour des objets d'un moindre intérêt.

Statistique des forêts de l'Algérie.

*Étendue
et limites.*

D'après le relevé qui a été fait, non sans peine,
dans les bureaux des agents forestiers, l'étendue du

sol forestier de l'Algérie serait de 2 084 379 hectares y compris 2 331 hectares de dunes, 153 865 hectares de forêts de chênes-liège, récemment concédées en toute propriété à des particuliers, et 73 946 hectares de forêts abandonnées aux tribus.

La province de Constantine
  contiendrait à elle seule.... 1 103 507 hectares.
Celle d'Oran................. 589 273
Celle d'Alger................ 391 599

Mais, je me hâte de le dire, ces chiffres ne méritent qu'une médiocre confiance : en effet, à part quelques forêts concédées ou destinées à l'être, il ne paraît pas qu'aucun travail géodésique sérieux ait été jamais entrepris, pour déterminer la contenance réelle du sol forestier. C'est au pas du cheval, à vue d'œil ou bien au moyen de la boussole ou de la planchette, sans triangulation préalable, que le périmètre des forêts a été tracé ; une pareille manière d'opérer a pu conduire aux erreurs les plus graves.

L'application du sénatus-consulte du 22 avril 1863 était appelée, semblait-il, à apporter un peu de précision dans cette affaire. Il n'en a rien été, parce que cette grande opération, qui visait cependant à constituer la propriété individuelle, ne s'est pas appuyée non plus sur les travaux topographiques qu'il eût fallu exécuter, pour qu'elle aboutît à des résultats positifs. Un progrès eût été réalisé néanmoins, si les limites du sol forestier avaient été fixées par des bornes solidement plantées ; malheureusement, ce travail, à cause de la précipitation avec

laquelle on y a procédé, a été, lui aussi, défec-
tueux : on m'a assuré que les bornes n'avaient pas
toujours été posées en présence des Commissions
de délimitation et, dans tous les cas, il est à crain-
dre que déjà beaucoup d'entre elles n'aient disparu.

On remarquera, du reste, qu'il n'a été délimité
et aborné que 805 496 hectares, et que, sur ces
805 496 hectares, il y en a 153 865 qui, vendus à
des particuliers, ont été soustraits à l'action de l'administration, et 73 946 qui, abandonnés aux tribus,
soit à titre de cantonnement pour leur tenir lieu de
leurs droits d'usage, soit à titre de communaux,
sont dans une situation très incertaine, relativement
aux lois qui les régissent. J'aurai plus tard à examiner si les Commissions qui ont appliqué le sénatus-
consulte n'ont pas dépassé ses intentions en pre-
nant l'initiative de cet abandon. Dans ce moment,
il me suffit de constater que ledit abandon a aug-
menté les doutes que l'on avait déjà sur l'étendue
du sol algérien susceptible d'être soumis au régime
forestier.

Les bois livrés aux tribus en font-ils, peuvent-
ils en faire partie? — Oui, d'après les propositions des
Commissions ; car celles-ci ont en général déclaré
que, tout en concédant ces bois aux indigènes, elles
entendaient qu'ils fussent assujettis au régime forestier. Non, si l'on réfléchit que le Code forestier n'a
point été fait pour des biens qui n'appartiennent
pas à des citoyens français. Que demain, à l'occasion d'un procès-verbal dressé dans les bois dont il

s'agit, un indigène soulève la question préjudicielle de propriété, et l'affaire va devant le cadi.

Je signalerai un autre inconvénient qui est résulté de l'application dudit sénatus-consulte : Dans cette application, au lieu de suivre la lisière des forêts, pour circonscrire les territoires des tribus, on les a traversées ; de sorte que des masses boisées considérables ont été fractionnées en une multitude de petites parcelles que l'on a dû désigner par des noms particuliers, lesquels ne figuraient point sur les sommiers de l'administration et n'étaient pas consacrés par l'usage. Ce n'est que par des recherches minutieuses que mon collaborateur est parvenu à reconstituer ces masses, et je n'affirmerai nullement qu'il n'a commis aucune erreur. Toujours est-il que, par suite de ce morcellement des forêts, la gestion de ces dernières est devenue bien plus difficile.

Si l'étendue des forêts est indécise, leur consistance l'est encore davantage. Les états qui m'ont été fournis présentent : *Consistance des peuplements*

En forêts ou le cèdre domine ...	343 659 hectares.
— de pin d'Alep.........	693 839
— de chêne zéen.... ...	96 005
— de chêne vert........	651 655
— de chêne liège........	329 846
Essences diverses............	222 079
Dunes......	2 331

(non compris les 153 865 hectares concédés aux particuliers en toute propriété).

Mais ces états n'apprennent presque rien sur l'âge et la qualité des peuplements. Pour moi, j'oserai assurer qu'il ne reste des futaies offrant quelques ressources, immédiatement exploitables, que dans les régions supérieures du Tell ; et ce qui les a préservées d'une destruction complète, c'est la difficulté de la vidange. Partout ailleurs et sur les trois cinquièmes au moins de l'étendue totale du sol forestier, il n'y a que de mauvais taillis ou des broussailles. J'ai parcouru quelques-unes des forêts qui passent pour être les plus riches ; or, il est très rare d'y rencontrer des massifs complets. Les bois d'âge moyen et les perchis y font surtout défaut. Ce n'est que de loin en loin qu'on y remarque de jeunes repeuplements naturels.

Pour être fixé sur la consistance réelle des forêts de la colonie, il faudrait les avoir explorées et avoir dressé l'inventaire des arbres qui les composent. Aucun document n'existe aujourd'hui, dans les archives du service forestier, qui puisse éclairer l'autorité supérieure sur leur possibilité.

Est-on mieux informé sur les servitudes de tout genre qui les grèvent ? C'est ce que nous allons voir:

Servitudes.   Tout en s'attribuant la propriété des bois et forêts de l'Algérie, le gouvernement français a toujours proclamé qu'il voulait respecter les usages des indigènes ; mais il s'est réservé d'en régler la nature, l'étendue et l'exercice. Qu'a-t-on fait dans ce but ? Bien peu de chose, et ce qu'on a fait, au lieu d'améliorer la situation, l'a aggravée.

On trouve, en effet, dans des décisions interve-
nues à diverses époques, et notamment dans les décrets rendus pour l'application du sénatus-consulte
du 22 avril 1863, l'énumération des droits reconnus
aux indigènes ; et, parmi ces droits, figure presque
toujours le pacage des moutons et des chèvres,
quelquefois même l'ébranchage des arbres pour
procurer du fourrage aux troupeaux. J'en pourrais
citer qui mentionnent l'extraction des écorces, la
carbonisation, la fabrication du goudron, l'enlèvement de la résine, celui du bois mort pour en faire
commerce. Or, ce sont là des pratiques détestables
que les législations forestières de tous les pays et
de tous les temps proscrivent absolument. Qu'on
ait reculé devant la suppression brusque de ces
abus, rien de plus sage ; mais qu'on les ait regardés
comme des droits, voilà ce qui est vraiment fâcheux.
Eh quoi ! devait-il suffire que les indigènes prou-
vassent qu'ils avaient jusqu'alors fait telle ou telle
chose, pour qu'on les autorisât à la continuer ? On
aurait dû alors reconnaître aux Kabyles le droit de
piller les navires naufragés, parce qu'il était con-
stant qu'avant notre arrivée chez eux, ils se livraient
sans aucun scrupule à cette déprédation.

L'Administration a donc été, selon moi, mal in-
spirée, quand elle a déterminé, comme je viens de
l'indiquer, la nature des droits dont devaient jouir
les indigènes dans les forêts. Mais j'ai dit déjà que,
dans certaines localités, les droits d'usage avaient été
rachetés au moyen du cantonnement. Est-ce là un
bien ? — Pour moi, je ne le pense pas, attendu que le

résultat de l'opération a été d'abandonner aux tribus des forêts sur lesquelles l'autorité de l'administration forestière, nulle quant à présent, ne pourra jamais être assurée.

Quoi qu'il en soit, sauf un petit nombre d'exceptions, les droits multiples dont jouissent les Arabes, dans les forêts, n'ont été l'objet d'aucune réglementation, et rien ne les limite, car il est de notoriété que les usagers vendent une partie des produits qu'on leur délivre.

Exploitations et produits. On a souvent reproché aux forêts de l'Algérie leur faible production. Elles portent cependant les traces de très nombreuses exploitations, et c'est même à ces exploitations que l'on doit attribuer la ruine ou du moins l'appauvrissement de certains massifs, parmi lesquels je citerai la forêt de cèdres des environs de Batna, celle des environs de Sétif, la forêt de chênes zéen de l'Edough, celle de l'Akfadou, la forêt de cèdres de Teniet-el-Haâd.

Les coupes effectuées, non pas suivant les exigences des peuplements, mais suivant les convenances des exploitants, ont été assises un peu partout, sans que l'on se soit jamais préoccupé de les soumettre à un règlement, même sommaire, ni de les subordonner à une détermination préalable de la possibilité. On est allé au plus près et l'on a abattu d'abord les arbres les plus sains et les plus beaux. Les délivrances, soit pour le service télégraphique, soit pour les usagers ou pour d'autres, ont fait disparaître les perches. Les jeunes semis naturels ont été dévorés par les troupeaux, et il n'est plus resté que quelques vieux arbres.

Au début, on a essayé, pour tirer parti des forêts, des concessions à long terme. Elles n'ont pas amené les résultats qu'on en espérait. En général, aucun travail de quelque importance n'a été exécuté dans les forêts concédées, et souvent les redevances n'ont pas été payées. Les ventes de gré à gré, à courtes échéances et par petites quantités, ont donné lieu à tout autant de mécomptes. Depuis quelques années, on vend par adjudication publique et l'on a raison.

Il n'y a d'ailleurs pas de moyen auquel on n'ait eu recours pour procurer des recettes au Trésor. Ainsi, on a été jusqu'à amodier le parcours ! En outre, plusieurs forêts où le bois est sans valeur, parce qu'elles sont trop éloignées des centres européens et des ports maritimes, ont été concédées pour le résinage, bien à tort, selon moi.

Ces concessions rapportent à peine quelques centimes par hectare à l'État ; elles ne feront pas, je le crains, la fortune de ceux qui les ont obtenues, et elles constituent une cause évidente de dégradation pour les forêts ; car le résinage entrave la croissance des arbres, entraîne souvent leur mort prématurée, et augmente les dangers de l'incendie.

J'aurais voulu pouvoir connaître le volume du bois que les forêts de l'Algérie ont livré chaque année à la consommation, mais le compte n'en a pas été régulièrement tenu. En argent, produits constatés ; leur rendement s'est élevé, en moyenne, dans les années 1867 à 1870, à la somme de 273 121 francs.

En y ajoutant le prix des délivrances usagères, modérément estimées, on arrive au chiffre de 929 503 francs; chiffre élevé, si l'on considère le mauvais état de consistance des massifs et les difficultés de la vidange.

Travaux. A part quelques centaines d'hectares qui ont été plus ou moins complètement reboisés, à grands frais, aux environs de certaines villes, Constantine, Alger, Orléansville, Oran, les travaux d'amélioration exécutés par le service forestier, en Algérie, sont nuls ; et il n'y a pas à s'en étonner, puisqu'il n'a jamais été alloué, paraît-il, de fonds pour cet objet. Il y aurait cependant des recepages, des débroussaillements, des démasclages à opérer, des chemins à ouvrir, etc., etc.

Délits. Si l'on devait juger des délits qui se commettent dans les forêts de la colonie par le nombre des procès-verbaux rapportés chaque année, on aurait une assez bonne opinion du soin avec lequel elles sont surveillées, puisque la moyenne annuelle de ces procès-verbaux, dans les trois provinces, pour les cinq dernières années, ne dépasse pas 808. Malheureusement, comme on le verra plus bas, cette faible moyenne n'accuse qu'une chose : l'insuffisance du service. En fait, les forêts de ce pays-ci sont le théâtre d'abus de toutes sortes : carbonisation illicite et barbare, écorçage, fabrication du goudron, extraction de résine, pâturage surtout. Les bergers ne se contentent pas de faire manger les jeunes recrus par leurs troupeaux; ils coupent les branches des arbres pour leur procurer du fourrage; de sorte que des forêts entières ne se composent aujourd'hui que de têtards.

Ajoutons à cela les incendies, fléau encore plus redoutable que les précédents, et auquel on n'a trouvé à opposer jusqu'à présent aucun obstacle efficace.

L'ignorance des populations est pour beaucoup dans toutes ces dévastations. Avant la conquête, elles jouissaient des forêts sans réserve et sans contrainte. Le Code forestier leur est inconnu, et quand elles en violent les dispositions, elles ne s'en doutent même pas.

Au point de vue de la surveillance dont il est l'objet, comme à tous les autres, le sol forestier algérien est, en définitive, dans une situation déplorable. Comment cela se fait-il? Il n'y a donc jamais eu dans ce pays un personnel spécial pour veiller à la conservation et à l'amélioration des forêts? On pourrait le croire. Cependant, ce personnel a existé, il existe encore, et j'ai à exposer maintenant pourquoi il a été impuissant à remplir sa mission.

Service forestier.

Dès le début de l'occupation, le gouvernement français a envoyé des agents forestiers en Algérie; mais, tout d'abord, ces agents ont dû se borner à suivre les expéditions militaires, à reconnaître les forêts et à en faire le dénombrement.

Il ne fallait point songer, tant que nous n'aurions pas pris possession effective du sol, à garder rigoureusement les forêts reconnues ; encore moins à les exploiter régulièrement. Au reste, avant l'arrivée des colons en Algérie, les forêts n'avaient à satisfaire que les besoins de l'armée et ceux des indigènes, et ces besoins ne semblaient pas assez grands pour qu'il y eût à s'en inquiéter.

Dès que notre domination s'est étendue et que les colons sont arrivés, les choses ont changé ; la nécessité de prendre des mesures, afin d'obvier au danger que les exigences des nouveaux habitants allaient créer pour le sol forestier, s'est manifestée, et un service spécial a été créé.

Je n'en ferai pas l'historique ; ce serait sans utilité pour le but que je me propose. J'essayerai seulement de prouver que si ce service a été au-dessous de sa tâche, cela tient à trois circonstances principales :

1° L'insuffisance du personnel comme nombre ;

2° La subordination complète de ce personnel au commandement militaire ;

3° Le défaut d'unité dans la direction qui lui a été imprimée.

Insuffisance du personnel comme nombre.

Le personnel forestier de l'Algérie qui, sauf quelques agents des travaux d'art, n'a jamais été plus nombreux qu'il l'est aujourd'hui, se compose de :

 3 Inspecteurs faisant fonctions de Conservateurs ;

 5 Inspecteurs ordinaires ;

22 Sous-Inspecteurs et Gardes généraux ;
171 Gardes généraux adjoints, Brigadiers ou Gardes français, dont 20 sédentaires ;
96 Gardes indigènes ou interprètes, qui ne servent qu'à fournir des renseignements.

Parmi les gardes, il y en a fort peu qui soient logés en maisons forestières et qui aient des triages déterminés. La plupart sont groupés à proximité de leurs chefs, à des distances énormes des forêts qu'ils ont à surveiller. En supposant, au surplus, qu'ils fussent répartis de la manière la plus convenable, l'étendue moyenne que chaque garde aurait à surveiller, n'en comprendrait pas moins environ 10000 hectares ! Dans la métropole, pour 10000 hectares, on compte 20 gardes.

Si l'on ajoute à la trop grande étendue des forêts à garder, le défaut de moyens de transport, l'absence d'auberges, souvent celle d'un abri quelconque, l'obligation de voyager des journées entières pour aller faire affirmer un procès-verbal, on devinera que l'action d'un personnel aussi restreint ne saurait être bien satisfaisante ; et, en effet, elle ne l'est pas. Si ce n'est sur quelques points exceptionnels, il est permis de penser que l'on pourrait supprimer les gardes forestiers actuels, sans que la conservation des forêts fût beaucoup plus compromise qu'elle ne l'est.

Les agents sont-ils plus utiles ?

Je m'empresse d'attester qu'ils font tout ce qu'ils peuvent et qu'à l'occasion, entre autres, du sénatus-consulte, ils ont eu à subir une ingrate et rude

campagne. Cependant, je suis forcé d'avouer que
leur rôle s'est réduit en général, jusqu'à présent, à
donner des avis, quand on a bien voulu les leur
demander, et à enregistrer des faits qui s'étaient
produits le plus souvent en dehors de leur influence.

Le petit nombre des préposés mis à leur disposition et le manque d'argent expliquent en partie leur
impuissance ; mais à cette double raison il s'en est
ajouté une autre non moins plausible ; et cette troisième raison, c'est la subordination du personnel
forestier au commandement militaire. J'aborde ici
un sujet délicat ; je prie qu'on me permette de le
traiter sans réticences.

Subordination
du service
forestier
au comman-
dement
militaire.

Non seulement l'autorité du commandement militaire, sur le personnel forestier, a été à peu près
absolue, presque sans restriction, mais il est même
arrivé souvent que ce commandement s'est complètement substitué aux agents forestiers, pour des
actes qui rentraient pourtant dans leurs attributions.

D'après une décision du Ministre de la guerre, en
date du 13 janvier 1849, n° 172, les coupes ordinaires et extraordinaires autres que celles d'amélioration, dans les forêts de l'Algérie, ne devaient
être autorisées que par des décisions ministé-
rielles.

Les coupes d'amélioration : recepages, extrac-
tions d'arbres morts ou dépérissants, pouvaient
être autorisées par les généraux.

Or, en vertu de ce deuxième paragraphe, les généraux se sont cru le droit d'autoriser des marchés de gré à gré, de toute nature, pour les arbres sains, comme pour ceux qui ne l'étaient pas, et ce, sans même prendre toujours l'avis des agents forestiers. C'est ainsi qu'un inspecteur des finances constatait (Rapport du 30 juin 1865) que, pendant plusieurs années, des exploitations avaient eu lieu, sans l'intervention des agents forestiers, dans les forêts d'Ammi-Moussa (inspection de Mostaganem). En 1863, le chef d'une famille de marabouts (Hamed ould sidi Adda) exploitait encore, dans la forêt des Beni-Tigrin, des madriers dont il faisait commerce, en vertu d'une simple autorisation de l'autorité militaire. En présence de pareils faits, le personnel forestier est certainement excusable de n'avoir pas établi l'ordre désirable dans les exploitations. Les archives des agents sont d'ailleurs remplies d'autorisations de coupes, émanées du commandement militaire, pour des causes diverses : les besoins des services publics, ceux des Arabes, ceux des colons. Il y avait toujours urgence. Les agents n'étaient pas libres de fixer le lieu de l'abatage ; ils étaient souvent forcés de déléguer des brigadiers pour procéder au martelage ; ils ne pouvaient surveiller des exploitations disséminées sur tous les points du territoire.

En ce qui concerne la répression des délits, le personnel forestier a-t-il eu au moins quelque initiative et quelque autorité? Pas davantage, et c'est en ceci surtout que les obstacles apportés à son ac-

tion sont à déplorer. Pour en donner une idée, je
n'aurai qu'à faire connaître comment les choses se
passent encore dans la province de Constantine :
Quand un procès-verbal a été rédigé, les agents
l'adressent à l'autorité militaire, avec leurs conclu-
sions ; ils ne sont pas même admis à faire eune pro-
position de transaction ; c'est le commandement
militaire qui fixe lui-même le chiffre de la transaction et le notifie au service forestier, en lui ren-
voyant le procès-verbal. Mais le procès-verbal n'est
pas toujours renvoyé et alors l'impunité est complète. Dans tous les cas, les chiffres de transaction
sont insuffisants, et souvent ne couvrent pas les
frais des procès-verbaux.

Pour 3 231 procès-verbaux rapportés dans les
quatre dernières années, et qui, d'après le Code forestier, auraient entraîné des condamnations, s'éle-
vant à 1 452 148 francs, le chiffre des transactions
recouvrées a été de 21 832 francs seulement : 6 fr. 70
par procès-verbal !

Maintenant, on pourrait supposer qu'après s'être
réservé le droit de fixer la peine à infliger aux délinquants, l'administration militaire avait au moins
laissé toute lat.tude au service forestier, pour la
constatation même des délits. Or, sur ce point encore, elle a cru devoir, à plusieurs reprises, inviter
les agents à une modération qui devait achever de
décourager leur bonne volonté. Ainsi, au milieu
de beaucoup de décisions, je citerai les suivantes :

*Alger, 10 mai 1865. Circulaire du Gouverneur gé-
néral aux généraux.* Par cette circulaire, on invite

le service forestier à autoriser le pâturage dans toutes les zones peuplées de lentisques, phillarias, myrtes, etc. On lui prescrit, en outre, de donner des ordres pour faciliter aux indigènes la fabrication du charbon dans les forêts de l'État, et ce, afin que les centres européens ne manquent pas de combustible.

Lettre du général commandant la province de Constantine, du 8 septembre 1870, n° 212, au sujet du défrichement par le feu et de la répression des délits.

Je recommande que, sans se départir de leurs habitudes de surveillance, les agents s'abstiennent de toute mesure de nature à irriter les esprits, qu'ils évitent d'agir dans les circonstances où leur autorité, *plus morale qu'effective,* pourrait être méconnue.

Lettre de l'inspecteur des forêts, faisant fonctions de conservateur à Constantine (23 novembre 1868), à ses subordonnés.

A la suite d'une saisie de bois de charrue opérée sur des indigènes, dans un marché public, le général de division de la province m'a prescrit de donner des instructions pour que les saisies de l'espèce ne se renouvellent pas ; elles proviennent d'un zèle mal entendu.

Les saisies de l'espèce, ainsi prohibées, constituaient cependant un des moyens les plus sûrs pour arrêter les délits, et elles étaient la conséquence d'un arrêté du 2 avril 1833, par lequel il avait été défendu à tout propriétaire, fermier ou colon européen ou indigène, d'abattre ou d'arracher aucun arbre forestier ou fruitier en plein bois ou en haie, sans en avoir préalablement obtenu l'autorisation.

Mais voici un fait plus significatif que les précédents, et qui me dispensera d'en citer d'autres :

En 1868, en plein été, des indigènes sont surpris fabriquant du charbon dans une forêt de l'inspection d'Oran. Procès-verbal est dressé, saisie est opérée du charbon et des animaux appartenant aux délinquants. Le général commandant la division en est informé ; il s'en plaint amèrement à l'inspecteur chef du service, à Oran, et l'invite à faire rendre immédiatement le charbon et les animaux saisis. Celui-ci s'empresse d'obéir et croit devoir, en transmettant les ordres du Général à son subordonné, exprimer à celui-ci tout son regret de le voir s'engager sans cesse dans des conflits dont le résultat ne peut être que préjudiciable aux intérêts de l'administration en général.

Oubliant, lui dit-il, que le Code forestier n'a pas été promulgué en Algérie ; et que, par conséquent, il ne peut pas y être applicable, vous exercez dans toute leur rigueur les dispositions de cette législation.

Cette lettre ayant provoqué quelques observations de la part du Chef de cantonnement, l'inspecteur lui réplique :

Je vous ai rappelé et vous rappelle encore que la répression des délits constatés doit être soumise préalablement à l'autorité militaire, qui, seule en Algérie, a qualité pour décider de ces sortes de contraventions.

Je regrette autant que vous, croyez-le, l'absence d'une réglementation spéciale à l'Algérie ; mais, pour le moment, et jusqu'à ce que le gouvernement en ait jugé autrement, je ne me départirai pas de ce principe, qu'il est aussi puéril qu'oiseux de se jeter dans le domaine de la fantaisie, pour opposer une résistance qui n'aboutit le plus souvent qu'à créer des embarras à l'administration.

Voilà donc comment le Chef de service d'Oran appréciait l'étendue de son autorité ; et il était dans le vrai, car l'affaire en question ayant été soumise au Gouverneur général, ce haut dignitaire, par une lettre du 1ᵉʳ août 1868, n° 2468, que je crois devoir reproduire en entier, parce qu'elle caractérise bien la situation, approuvait la conduite du Général commandant la Province et celle du Chef de service d'Oran.

MON CHER GÉNÉRAL,

Par lettre du 24 juillet dernier, n° 300, vous m'avez rendu compte d'un fait regrettable survenu à Mascara par suite de la répression d'un délit forestier. Je donne mon approbation à la lettre écrite à ce sujet par M. le conservateur d'Oran, à M. le sous-inspecteur à Mascera, qui a montré dans cette circonstance un zèle mal entendu et a oublié que le Code forestier de la métropole n'est point promulgué en Algérie.

En ce qui concerne l'intervention du service forestier dans la surveillance des massifs qui ne sont pas réunis définitivement au domaine de l'Etat, et qui sont situés dans les tribus où le sénatus-consulte n'a pas encore été appliqué, j'admets, en principe, que les forêts ne peuvent être astreintes aux obligations imposées aux forêts de l'Etat. Mais, d'un autre côté, il est impossible qu'aucune surveillance n'y soit exercée, et qu'elles restent exposées à subir les détériorations qui ont déjà eu lieu dans plusieurs d'entre elles et dont le résultat serait d'amener leur destruction complète. C'est ainsi, par exemple, que la vente du tan à des prix très élevés a été cause que des indigènes, sollicités par l'appât du gain, ont fait périr dans les forêts communales, ou melk, un très grand nombre de jeunes chênes qui, dépouillés complètement de leur écorce et mal coupés, ne pourront même plus se reproduire par la racine.

Ces dévastations ont eu lieu principalement sur les points les plus rapprochés de nos centres de population. Il en résulterait, si l'on n'y mettait ordre, que les montagnes boisées qui entretiennent actuellement nos sources, seraient dans un avenir prochain amenées à un tel état, que nous perdrions probablement une grande partie des eaux dont nous jouissons aujourd'hui et dont le besoin n'est pas à démontrer.

L'œuvre entreprise pour le reboisement des montagnes, à laquelle sont affectées des sommes considérables, est une mesure très sage dont la nécessité se faisait sentir, mais qui ne produira des résultats efficaces que dans un avenir éloigné. La conservation des rares forêts que nous possédons, en ce moment, doit donc être le but de nos efforts persévérants.

En attendant que le Code forestier de la métropole soit promulgué en Algérie, ce qui demandera un temps assez long, il serait rationnel, à mon avis, *non pas d'empêcher les indigènes de couper du bois,* surtout dans les forêts communales ou melk, mais bien de faire tendre tous nos efforts à obtenir que les coupes n'amènent pas la destruction de nos forêts.

Pour atteindre ce résultat, et jusqu'à l'époque de cette promulgation, j'admets que le commandement fixe les limites dans lesquelles doit agir le service forestier, assure la marche prudente suivie dans notre province jusqu'à ce jour, et dont la conséquence a été de préserver les bois des incendies et des dévastations.

Recevez, etc.

Après la lecture de ces documents, on ne sera pas surpris de l'inutilité des efforts du service forestier, pour arrêter les dévastations dont les forêts de l'Algérie sont le théâtre, dévastations qui s'étendent de plus en plus, et qui, si l'on n'y met ordre, ne tarderont pas à être un grand embarras pour le développement de la colonie.

L'exposé de l'impuissance à laquelle on a réduit ce service, ne serait pourtant pas complet, si je ne faisais connaître comment s'effectuent les délivrances usagères qui sont une des plus grandes causes, avec le pâturage, de la destruction des forêts : Les agents forestiers ne sont pas même consultés sur la légitimité des demandes sans nombre qui sont formulées, au sujet de ces délivrances, par les indigènes. Les bureaux arabes dressent les états des exploitations autorisées et les transmettent aux agents forestiers. Ceux-ci communiquent ces états à leurs subordonnés et fixent les époques des délivrances ; malheureusement, comme ils n'ont pas assez de gardes pour faire surveiller la coupe et l'enlèvement des produits, et que les Arabes ne se rendent pas tous, en forêt, au jour indiqué, il en résulte que ces derniers prennent ce qu'ils veulent : 20 000 perches ici, 20 000 bois de charrues là, des canons de liège ailleurs ; mais on devine qu'ils profitent de l'occasion, pour retirer un profit commercial des produits qui ne devraient servir cependant qu'à leur consommation, et c'est ainsi que les marchés européens sont approvisionnés de bois de toute espèce provenant de l'Algérie. Le service forestier veut-il empêcher ces abus, on a vu plus haut comment ses prétentions sont accueillies par l'autorité militaire.

Après la famine de 1867, on avait autorisé les indigènes du cercle de Batna à aller ramasser du

bois sec dans les forêts de Lambessa. Cette année,
les circonstances qui avaient motivé la tolérance,
ayant cessé d'exister, et les indigènes ayant voulu
faire commerce du bois, les agents forestiers ont
essayé de s'y opposer, d'autant plus que, dans la
même forêt, il a été vendu des coupes de bois de
chauffage. L'autorité militaire a donné l'ordre de
laisser les Arabes tranquilles, et voici le motif sur
lequel elle se fonde : c'est qu'il importe de procurer aux indigènes le moyen d'acquitter les contributions de guerre qui leur ont été imposées !

N'eût-il pas mieux valu, je le demande, renoncer
à ces contributions ?

J'en ai assez dit, je pense, pour qu'on sache à
quoi s'en tenir sur les moyens dont le service forestier dispose en Algérie, afin d'assurer la conservation du vaste domaine confié à ses soins. Ces
moyens lui ont été presque complètement enlevés
par l'autorité militaire ; et quand je constate ce
fait, ce n'est pas dans un esprit de critique, qui
serait de ma part souverainement inconvenant ; c'est
uniquement pour dégager la responsabilité de mes
camarades, et démontrer que si la dépendance, dans
laquelle on les a mis, devait durer, au lieu de songer à en augmenter le nombre, il conviendrait, au
contraire, de les supprimer. Cette dépendance est
allée au point qu'on leur a refusé le droit de poursuivre les traces d'un délit, du territoire civil en
territoire militaire. (Instruction du Gouverneur
général, en date du 14 mai 1868.)

M. le Ministre de la justice n'adopta pas, il est

vrai, cette doctrine, mais, en fait, il est certain qu'en territoire militaire les agents et les gardes ne peuvent faire un pas sans une recommandation des bureaux arabes, s'ils ne veulent s'exposer à ce qu'on leur refuse les objets les plus indispensables à la vie. Quelle déférence, quel respect les indigènes doivent-ils avoir pour des fonctionnaires placés dans une situation aussi précaire ?

Cependant, il est à croire que les agents fores- tiers auraient rencontré moins de difficultés dans l'accomplissement de leurs devoirs, et que bien des fautes dont on leur fait aujourd'hui porter la responsabilité auraient été évitées, si l'on avait institué, pour représenter ces agents auprès du gouverneur de la colonie, et pour leur imprimer l'impulsion désirable, un directeur spécial. A quoi tient la divergence extraordinaire que l'on constate dans le traitement des affaires forestières, suivant qu'elles concernent telle ou telle province, si ce n'est à l'absence de cette direction ; et n'est-ce pas là aussi qu'on doit chercher l'explication de ces agissements contradictoires des commissions chargées d'appliquer le sénatus-consulte ? Ici, elles se croient le droit de fixer l'étendue des usages ; là, elles réservent ce soin au gouverneur. Dans certains cas, elles vont jusqu'à proposer de racheter les droits, même ceux de pâturage, au moyen du cantonnement ; le plus souvent, elles les laissent dans l'incertitude la plus complète... Songent-elles à en régler l'exercice, elles décident que les errements anciens seront suivis jusqu'à nouvel ordre, tout en soumettant les forêts grevées au régime forestier. Enfin, quand elles s'avisent d'énumérer les droits, elles admettent parfois comme tels de véritables abus contraires à l'ordre public. Même défaut de principes dans la délimitation du sol forestier domanial : certaines commissions font aux dépens de la propriété de l'Etat des dotations aux communes indigènes ; d'autres les leur refusent. Il est présumable que s'il y avait eu une direction du service forestier à Alger, tout cela ne se serait pas produit ; que des instructions uniformes auraient été données, et que les agents forestiers exclusivement investis, par la loi, de la délimitation des forêts dans la métropole, n'auraient pas été exclus des commissions instituées en Algérie pour procéder à un travail analogue.

En résumé, la conservation des forêts de l'Algérie ne jouit, dans l'état présent des choses, d'aucune garantie, et il est urgent d'y pourvoir, à moins qu'on ne regarde cette conservation comme inutile; mais qui pourrait avoir une telle pensée ?

Nécessité d'une réforme.

On s'est fait longtemps illusion sur la richesse des forêts de l'Algérie, et c'est peut-être un des motifs qui ont empêché que l'on ne prît, pour leur conservation, tous les soins désirables.

La vérité est que si, demain, par un coup de baguette magique, la population coloniale était por-

tée au chiffre de 2 millions d'âmes seulement, le
manque de bois la forcerait de se disperser immédiatement. Déjà, dans certains centres, le combustible ligneux est hors de prix : le stère de bois a valu
25 francs à Constantine, 20 francs à Sétif! Les particuliers et les tribus défrichent, et voilà pourquoi
on s'approvis nne assez facilement de bois à
Alger et dans quelques autres centres; mais cette
ressource sera vite épuisée.

Il est donc d'une importance capitale que l'on
s'occupe de préparer des produits pour les habitants futurs de la colonie : aucun travail ne saurait
avoir un caractère plus prononcé d'utilité, d'urgence ; et le trésor public y trouverait plus tard son
profit, car lorsque les forêts de l'Algérie auront été
amenées à l'état où sont celles de la Métropole,
elles pourront rapporter par an, 80 à 100 millions
de francs.

Aujourd'hui, par suite de leur appauvrissement et
des difficultés de leur vidange, on ne saurait compter beaucoup sur elles pour procurer des recettes
au fisc. Les forêts de chênes-liège étaient les seules
qui, à ce point de vue, pouvaient être presque
immédiatement productives ; elles ont été aliénées
en grande partie. Il en reste pourtant encore environ 300.000 hectares qui, dans une quinzaine d'années d'ici, donneront quelques millions de francs
par an, si on les cultive avec soin.

A part cette ressource, je le répète, l'administration doit mettre de côté, pour le moment, toute
préoccupation pécuniaire dans la gestion des forêts

de l'Algérie, et se contenter des avantages que leur amélioration aura pour le régime des eaux et les intérêts de l'agriculture. Aussi bien, ce sont là en tout pays les plus précieux des services que les forêts peuvent rendre. Je n'ai pas besoin de développer ici cette vérité, qui est aujourd'hui passée à l'état d'axiome ; je me bornerai à faire observer que si les forêts de l'Algérie ne sont pas dans un état de consistance qui permette d'en tirer actuellement de grands produits matériels, leur influence sur les phénomènes climatériques et hydrologiques, cette influence à laquelle aucun travail humain ne saurait suppléer, n'est pas non plus ce qu'elle devrait être et ce qu'elle deviendra, pourvu qu'on évite désormais de la contrarier. Quand on considère que ce pays est, sur un tiers de son étendue (14 millions d'hectares), constitué par des montagnes où la neige tombe en abondance pendant plusieurs mois, on se demande comment il se fait que les rivières alimentées par les eaux qui coulent de ces montagnes aient un débit aussi irrégulier et passent presque subitement de l'abondance à la disette : en hiver, des débordements qui coupent les routes, renversent les ponts, couvrent les campagnes de déjections ; en été, quelques minces filets d'eau qui se perdent en grande partie dans les lauriers-roses, avant d'arriver aux fontaines publiques et aux cultures. Tout cela est facile à expliquer : c'est que les forêts ont disparu des sommets et des pentes où la Providence les avait placées, pour diminuer l'écoulement superficiel de l'eau des pluies et pour ralentir la fonte des neiges. Parmi les anciens colons, il n'y en a pas un qui n'ait des preuves à fournir à l'appui de ce fait.

Mais les forêts ne sont pas seulement utiles par leur influence sur les eaux courantes et sur la conservation des sources; elles le sont aussi comme abris dans les plaines et sur les plateaux, et il est bien certain que si les hauts plateaux qui séparent le Tell du Sahara étaient entrecoupés de distance en distance par des massifs forestiers, ils seraient dans de meilleures conditions pour la production agricole. Aujourd'hui ces hauts plateaux offrent l'aspect le plus triste: aussi loin que la vue peut porter on n'y aperçoit pas un arbre. Il en est de même dans les plaines qui bordent le Chélif, le Sahel, la Seybouse et enfin les principales rivières de la colonie. Dans ces plaines comme sur les plateaux, il y a cependant des terrains qui, à raison de leur peu de profondeur et de leurs composants minéralogiques, ne conviennent pas à l'agriculture. Il y reste encore quelques broussailles. Ces broussailles devraient être conservées avec soin; dans quelques années elles formeraient des bois. Mais je crois superflu de m'étendre davantage sur ces considérations. Personne ne conteste aujourd'hui l'action salutaire des forêts, et il est temps que j'expose mes idées sur les moyens à adopter pour que cette action, déjà trop affaiblie dans nos possessions africaines, soit à l'avenir sauvegardée. Dans ce but, il convient d'abord de récapituler les principales causes de dégradation auxquelles le sol forestier est actuellement soumis. Ces causes, que j'ai déjà signalées en partie, sont :

1° L'incertitude qui règne sur l'étendue des forêts, leurs noms, leurs limites, leur consistance, leurs ressources, les servitudes qui les grèvent ;

2° Les principes suivis par les Commissions chargées de l'exécution du sénatus-consulte du 22 avril 1863, quant aux droits d'usage, à la création de bois communaux, et à l'application aux tribus considérées comme personnes collectives, des lois sur la propriété individuelle des melks ;

3° Les nombreuses enclaves qui existent au milieu des massifs ;

4° L'impuissance de l'Administration, en ce qui concerne la surveillance des bois appartenant aux tribus ;

5° L'ignorance des indigènes sur ce qu'il leur est permis ou défendu de faire dans les forêts ;

6° Les délits ou contraventions, les défrichements, le pâturage notamment, et les incendies ;

7° La non-réglementation de l'exercice des droits d'usage ;

8° L'insuffisance du service forestier, résultant du défaut d'unité dans la direction de ce service, du trop petit nombre des fonctionnaires qui le composent, et de sa subordination complète au Commandement militaire.

Indiquer les causes du mal, c'est indiquer en même temps les moyens de le combattre ; il faudrait :

1° Dresser la statistique complète des forêts,

déterminer leur étendue, fixer leurs limites, étudier leurs ressources, régler leur exploitation au moins d'une manière sommaire, en désignant les parties dans lesquelles les coupes devront être concentrées pendant une certaine période de temps; définir les droits d'usage, de façon que leur maintien devienne compatible avec la conservation des bois ;

2° Supprimer le cantonnement des droits d'usage, le remplacer par l'opération connue autrefois sous le nom d'*aménagement*, et qui consistait à renfermer l'exercice des droits dans certaines forêts ou parties de forêts, à l'exclusion des autres ; interdire, sous quelque prétexte que ce soit, l'abandon aux tribus des terrains boisés, sauf plus tard à livrer ces terrains à la colonisation, s'il est reconnu qu'ils conviennent mieux à la culture des céréales qu'à celle des bois ;

Poser en principe que les forêts dont jouissent les tribus à titre collectif, ne sauraient être assimilées aux propriétés melk, et profiter du séquestre pour reprendre aux indigènes la propriété des fonds boisés qu'on leur a imprudemment abandonnés ;

3° Racheter, par application de la loi pour cause d'utilité publique, les enclaves qui constituent réellement un danger pour le sol forestier, si l'on ne peut s'en emparer en vertu de la loi sur le séquestre ;

4° Faire une loi qui rende le Code forestier de 1827 applicable aux bois des tribus dont l'Etat n'aura pu reconquérir la propriété, et décider, en conséquence, que toutes les questions de propriété qui pourraient être soulevées au sujet de ces bois, seront déférées à la juridiction française ;

5° Publier en langue arabe les principales défenses que les indigènes ne pourront enfreindre sous peine de l'amende, et même de la prison : interdiction de couper du bois sans autorisation, d'allumer du feu dans l'intérieur et à une certaine distance des forêts, d'extraire des écorces, de la résine, et de conduire les troupeaux dans les cantons non défensables, d'ébrancher les arbres pour procurer du fourrage aux bestiaux, etc., etc. ;

6° Organiser une surveillance incessante, se préoccuper plutôt de prévenir les délits et contraventions que de les réprimer ; donner aux chefs de cantonnement le droit de transiger, dans certaines limites, avec les délinquants ;

Dispenser les procès-verbaux de l'affirmation ;

Faire dresser l'état des bois melk dont le défrichement devrait être interdit, soit parce qu'ils sont situés sur des pentes rapides, soit parce qu'ils sont nécessaires à la conservation des sources ;

Prohiber l'entrée des chèvres en forêt, et interdire le pâturage des autres bestiaux dans les cantons en exploitation, ainsi que dans les parties incendiées ;

Débroussailler les forêts qui, par la nature des essences qui les composent, sont exposées aux incendies ; les fractionner en massifs de peu d'étendue, séparés par de larges tranchées ;

7° Régler l'exercice des droits d'usage :

8° Organiser un personnel assez nombreux pour assurer l'exécution des dispositions qui auraient été arrêtées ; soumettre ce personnel à une direction centrale spéciale, et le soustraire à l'omnipotence des bureaux arabes.

Les mesures que je viens d'énumérer se recommandent en général d'elles-mêmes ; mais je crois cependant devoir les faire suivre de quelques explications, pour en préciser la portée, et je vais dans ce but les reprendre l'une après l'autre.

Ce travail sera long, difficile et coûteux ; il exigera des hommes spéciaux ; mais on ne saurait évidemment se dispenser d'y procéder, car, sans lui, l'organisation d'un service normal pour les forêts est impossible à réaliser. *Statistique forestière.*

Parmi les objets qui rentrent dans ce travail, un des plus essentiels est celui qui se rapporte à la définition des droits d'usage, puisque ces droits sont devenus la source des plus graves abus. Nous avons vu qu'on avait cru devoir y comprendre des pratiques extrêmement dangereuses. Il faudrait tâcher de revenir sur ces concessions funestes et, dans tous les cas, ne plus en accorder de semblables à l'avenir. Il n'est vraiment pas possible d'admettre qu'un usager ait le droit de faire dans une forêt ce que le propriétaire, agissant en bon père de famille, ne devrait pas se permettre à lui-même. *Remplacer le cantonnement des droits d'usage par l'aménagement. Ne plus créer de bois communaux, etc., etc.*

Sur une étendue de forêts ou de broussailles de 700'000 hectares à peu près, à laquelle le sénatus-consulte du 25 avril 1863 a été appliqué, le résultat de l'opération a été d'abandonner aux tribus une contenance évaluée à 74 000 hectares. Si la même proportion était observée dans la suite de l'opération, l'Etat devrait se résigner à voir encore diminuer son domaine présumé, de plus de 100 000 hectares. Voyons donc s'il y avait des raisons sérieuses pour justifier la générosité avec laquelle on a donné, en toute propriété, aux indigènes, des biens sur lesquels, jusqu'alors, ils n'avaient exercé tout au plus que des droits d'usage.

D'après la loi du 16 juin 1851, qui la première a, je crois, déterminé d'une manière positive les droits de l'Etat sur certaines portions du sol algérien, les bois et forêts devaient être regardés comme domaniaux, sauf les droits de propriété régulièrement constatés. Qu'entendait le législateur par cette réserve? Il entendait, je suppose, les droits de propriété individuelle, les droits de propriété melk reposant sur un titre formel. Or, comme il était de notoriété que, dans les pays de l'Islam, les bois et forêts dont les tribus avaient joui collectivement appartenaient au beylick, il en résulta que le domaine mit la main, sans contestation, sur tous les terrains non melk complantés en bois, quelle que fût d'ailleurs la consistance de ces bois. Aussi, sur les sommiers des agents forestiers de cette époque-là, ne voit-on figurer aucune forêt sous le titre de communale. Tel était l'état des choses lorsque est survenu le sénatus-consulte.

Ce sénatus-consulte a défini la propriété du beylick comme l'avait fait la loi de 1851. Mais, en l'appliquant, on s'est écarté de cette définition, et dans un esprit de libéralité qui ne paraît pas justifié, on a créé des biens communaux qu'aucune loi n'avait prévus. Dans certains cas, cette création s'est fondée sur l'utilité qu'il y avait, disait-on, à affranchir les forêts des droits d'usage qui les grevaient ; dans d'autres, sur le peu d'importance des broussailles abandonnées. On est allé jusqu'à prétendre que les biens collectifs des tribus pouvaient être regardés comme ayant le caractère de biens melk, et qu'en matière de revendication de forêts, ce qui est valable pour des particuliers l'est également pour une tribu considérée comme personne collective. Cette opinion, très périlleuse, puisqu'elle enlevait à l'Etat tout moyen de défendre ses forêts contre les indigènes, est consignée dans une circulaire du Gouverneur général, en date du 16 juin 1865. Quel usage a-t-on fait de cette circulaire ? — Je l'ignore, mais il n'en serait pas moins prudent de la rapporter, s'il est vrai, comme je le suppose, que le caractère de biens melk n'appartienne pas à des bois consacrés à l'usage de tous.

Quant aux autres motifs qui ont engagé les commissions chargées de l'application du sénatus-consulte à diminuer le sol forestier domanial au profit des tribus, ils ne me semblent pas plus acceptables, et voici pourquoi : Pour satisfaire ces tribus, il n'était pas nécessaire de leur céder le fonds des forêts, fonds dont jusqu'alors elles n'avaient fait aucun cas, et qui, pour les corps moraux dont l'existence est indéfinie et qui ne peuvent pas aliéner, est, en effet, de nulle valeur : il suffisait de leur conserver des droits d'usage. J'aurais compris que l'on déterminât des portions de forêts dans lesquelles ces droits s'exerceraient à l'avenir ; mais que, sans y être obligé, on ait abandonné à certaines tribus le fonds de la propriété, voilà qui est plus difficile à expliquer. On est même allé plus loin, puisqu'on leur a fait cadeau, gratuitement, de certains terrains, sous prétexte qu'ils n'étaient couverts que de broussailles. Comment ! voilà des forêts qui ont été ruinées par leur imprévoyance, quoiqu'elles n'en fussent qu'usagères, et on les en rend propriétaires ! Pense-t-on qu'elles en jouiront désormais avec plus de sagesse ? Hélas ! elles les défrichent avec une sorte d'acharnement, non pas pour en faire des terres de culture, mais pour vendre aux colons la broussaille qui les couvre, et pour les transformer en landes, en pâtis, en bruyères. Et il en est de même des cantonnements qu'on leur a accordés. En France, la puissance d'une grande administration, appuyée sur une loi sévère, n'a pu prévenir la dégradation des forêts communales : pouvait-on espérer que les tribus, livrées à elles-mêmes, conserveraient les bois dont on les rendait propriétaires ?

Ainsi, le sénatus-consulte a créé pour la régie forestière des embarras assez sérieux pour qu'on s'efforce d'y remédier.

Les enclaves forment un des obstacles les plus grands à l'efficacité de la surveillance. Comment empêcher des gens qui campent au milieu des bois, avec leurs troupeaux, d'y commettre des délits ? Comment les empêcher d'allumer du feu et par conséquent d'exposer les forêts aux incendies ?

Il avait été recommandé aux Commissions chargées de l'exécution du sénatus-consulte, de racheter ces enclaves par voie de compensation territoriale ; mais elles se sont arrêtées devant les difficultés, et ont généralement renvoyé cette opération à l'époque où on régulariserait les droits d'usage.

Cette loi paraît indispensable, car je ne pense pas que le Code forestier puisse, sans elle, protéger des biens autres que ceux qu'il a visés. On a conservé aux indigènes leurs lois civiles ; on ne saurait les soumettre au régime prévu par le Code forestier, sans porter atteinte aux prérogatives qu'on leur a reconnues jusqu'à présent, et, pour le faire, il faut y être autorisé par une nouvelle loi.

Loi qui rend applicable le code forestier aux bois communaux des indigènes.

Ce serait une chose fort utile et fort juste, car le principe : *Nul n'est censé ignorer la loi*, ne saurait équitablement être opposé, en ce qui concerne le Code forestier, qui est si compliqué, à des gens qui ne sont pas citoyens français et qui n'ont aucune idée des exigences d'une bonne gestion forestière. La publication que je propose et qui se réduirait à un petit nombre d'articles, suffirait pour légitimer la répression. On a souvent critiqué cette répression, en se basant sur la multiplicité des cas de

Publication en langue arabe des obligations auxquelles les indigènes sont tenus de se soumettre.

délits et de contraventions et sur l'énormité des peines. Sans doute, si l'on voulait appliquer les articles du Code forestier dans toute leur rigueur aux Arabes, on se heurterait à des impossibilités ; mais la loi sur les transactions donne à l'administration tous les moyens d'apporter dans cette affaire les tempéraments nécessaires, et de proportionner la répression au degré de civilisation et aux ressources du délinquant. Les transactions, ce sont les circonstances atténuantes, admises en matière forestière, avec cette particularité, qu'au lieu d'être livrées à l'appréciation d'un juge qui n'a pas reçu l'instruction spéciale voulue pour pouvoir en tenir compte, dans la mesure convenable, elles sont du ressort d'un fonctionnaire compétent.

Donner aux chefs de cantonnement le droit de transiger. — Les Arabes obéissent plus volontiers à la personne qu'à la loi, et il est désirable par conséquent que les fonctionnaires qui sont en rapport avec eux, soient investis de la plus grande autorité possible.

D'un autre côté, la répression est d'autant plus efficace qu'elle est plus prompte. Voilà pourquoi il serait utile que les chefs de cantonnement pussent transiger dans certaines limites, à condition toutefois de rendre raison immédiatement de leurs décisions à leurs chefs immédiats.

Supprimer l'affirmation des procès-verbaux. — Quant à l'affirmation des procès-verbaux, elle a été supprimée pour la gendarmerie, pourquoi ne la supprimerait-on pas pour les préposés forestiers?

On leur épargnerait une perte de temps considé-
rable ; car les fonctionnaires qui ont à recevoir l'affirmation de leurs procès-verbaux sont souvent très
éloignés de leurs résidences.

Parmi les contraventions qui compromettent le Défrichement.
plus les intérêts forestiers de la colonie, on doit si-
gnaler les défrichements. Ils s'opèrent avec une
effrayante rapidité. Les uns sont utiles, parce qu'ils
livrent à l'agriculture de bons terrains plats ou en
pente faible ; les autres, et c'est le plus grand
nombre, sont on ne peut plus nuisibles, non seulement parce qu'ils enlèvent aux versants des montagnes la seule culture qui leur convienne et qui
puisse y retenir la terre végétale, mais aussi parce
qu'ils éloignent chaque jour davantage des centres
de population les sources d'où ceux-ci retirent les
bois nécessaires à leur consommation.

Il est donc à souhaiter que les dispositions du
Code forestier, relatives aux défrichements, soient
sévèrement appliquées à l'Algérie, et ce serait une
excellente chose que de dresser l'état des propriétés particulières dont le défrichement devrait être
interdit. On dispenserait ainsi les agents forestiers
d'une multitude de reconnaissances partielles, presque toujours très embarrassantes, attendu que l'intérêt qui s'attache à la conservation des bois, très
évident quand on considère une masse dans son
ensemble, l'est beaucoup moins quand on examine
cette masse morceau par morceau.

Le pâturage est la grande, l'immense plaie du Pâturage.

pays. Pour la guérir ou au moins la diminuer, le plus sûr moyen, — et les règlements d'exploitation préparés en vertu de l'article 1er permettront d'y recourir, — consistera à interdire absolument l'entrée des bestiaux dans les parties de forêts où les exploitations devront être concentrées pendant une certaine période ; et ce, jusqu'à ce que ces parties soient régénérées et susceptibles de se défendre par elles-mêmes.

Les parties incendiées devront être respectées également. Enfin, il paraîtrait indispensable de prohiber, dès à présent, le pacage des chèvres dans les forêts. Les tribus ont assez de terrains vagues, pour que cette défense ne leur impose pas une lourde charge.

Incendies.

Toutes les mesures prises jusqu'à ce jour au sujet des incendies n'ont eu presque aucune efficacité, et ce n'est pas extraordinaire, puisqu'en France et en Corse, où la surveillance est aussi bien assurée qu'elle peut l'être, ce fléau n'en continue pas moins de ravager les forêts. C'est qu'en effet il n'est pas besoin de faire intervenir la malveillance, pour s'en expliquer la fréquence. Quand on se trouve par un soleil ardent, qui élève la température de l'air, à l'ombre, à plus de 40 degrés, au milieu de ces fourrés de bruyères, de lentisques, de mort-bois de toute espèce, qui caractérisent les forêts de chênes-liège et de pins des régions granitiques, on se croirait dans une fournaise ; et si l'on est étonné de quelque chose, c'est de ce que

ces amas de matières combustibles ne prennent
pas feu spontanément. On aura beau multiplier les
peines, il n'y a qu'un moyen de prévenir les incendies, au moins de les arrêter : c'est de débroussailler les forêts et de les partager en masses de peu
d'étendue, séparées par de larges tranchées soigneu-
sement nettoyées. Maintenant, que l'on rende les tribus responsables quand il sera prouvé que l'incendie tient à la malveillance ; qu'on les punisse surtout quand elles refuseront de prêter leur concours
pour éteindre le feu, rien de plus juste; mais on ne
doit pas s'en tenir là.

Ce règlement est les plus pressants, attendu que
l'interprétation du sénatus-consulte a apporté dans
cette affaire des droits d'usage la plus grande
confusion. Il y a des décrets, j'en ai fait l'observa-
tion, qui ont été jusqu'à statuer que, jusqu'à nouvel
ordre, les indigènes jouiraient de leurs droits, en
suivant les mêmes errements que par le passé.
C'était dépouiller l'administration forestière de toute
autorité en cette matière.

Régler
l'exercice
des droits
d'usage.

Ce service est insuffisant, ai-je dit, parce que le
personnel n'est pas assez nombreux; parce qu'il
est complètement subordonné au commandement
militaire ; parce qu'il n'y a pas d'unité dans sa direction. Rien de plus facile que de remédier au
premier de ces inconvénients : c'est une question
d'argent. Mais, pour pouvoir remédier aux deux
autres, il est nécessaire que l'on résolve d'abord

Réorganiser
le service
forestier.

une question, d'ordre administratif, fondamentale
et très embarrassante, vu l'état peu avancé de la colonisation.

Je ne suis pas, pour mon compte, à même d'indiquer quelles sont les portions du territoire algérien où il convient de conserver à l'armée l'autorité
administrative et judiciaire dont elle a joui jusqu'à
présent ; mais je crois que s'il est un précepte dont
la justesse soit incontestable, c'est qu'il ne saurait
y avoir utilement pour une même gestion deux
maîtres à la fois. Si l'on veut soustraire la régie forestière aux conflits et aux tiraillements qui l'ont
paralysée jusqu'à ce jour, il faut la confier toute
entière soit à l'armée, soit au service spécial qui en
est chargé dans la métropole. La situation actuelle
n'est pas tolérable : Le service forestier reste res-
ponsable de la gestion, puisqu'il est investi par une
loi, oi que les tribunaux ont reconnue applicable à
l'Algérie, des moyens de l'exercer efficacement ; et
pourtant, il ne peut faire un acte sans que l'autorité
militaire l'y autorise.

Essaye-t-il de remplir son devoir, le commandement l'arrête ; on l'accuse presque de fomenter des
insurrections. Se résigne-t-il à l'impuissance, l'opinion publique lui reproche de laisser dévaster les
forêts. Si des raisons politiques ou autres s'oppo-
sent encore à ce que l'autorité militaire soit rem-
placée, dans certaines régions, par l'autorité civile,
il n'y a pas à hésiter : qu'on abandonne au commandement militaire la gestion des forêts situées dans
ces régions, sauf à lui donner, si elle le juge utile,

mais à titre consultatif seulement, des agents qui seront détachés de leur corps pour faire partie de la suite des généraux.

Quant aux territoires où l'administration civile pourra être installée, le bon sens veut que, désormais, le service forestier jouisse de toute la plénitude du pouvoir qui lui a été conféré par le Code forestier, et n'ait pas à se conformer aux exigences d'une autorité qui ne saurait, aussi bien que lui, apprécier l'importance des intérêts pour la protection desquels il a été institué.

Pour moi, je rangerais dans le territoire civil, au moins au point de vue de l'administration et de la juridiction forestières, toutes les forêts qui, à cause de leur voisinage des centres de colonisation et des ports maritimes, pourraient fournir des ressources aux colons et au commerce.

Ce principe étant admis, je vais examiner comment, pour les forêts qui seraient placées sous sa main, le service forestier devrait être organisé.

Réorganisation du service forestier dans les forêts soumises au régime forestier.

Avant tout, je pense qu'il serait indispensable de créer un directeur spécial du service forestier à Alger, et de lui donner un siège dans le Conseil du gouvernement de la colonie. Il est probable que si les agents forestiers avaient eu, pour les soutenir auprès du Gouvernement général, un forestier expérimenté, leur situation eût été moins diminuée ; et ce qui le prouve, c'est que dans la province d'Alger, dont le Chef de service était en contact avec le Gouverneur de la colonie, la pression exercée sur les agents, par le commandement militaire, a été beaucoup moins forte que dans les autres provinces. D'ailleurs, s'il n'y avait pas une Direction spéciale à Alger pour les forêts, on serait amené à mettre la gestion de ce domaine entre les mains des préfets ; or, ce serait mauvais, je crois, sous bien des rapports. L'expérience en a été faite en France : les préfets montreraient infailliblement pour les populations, pour leurs désirs immodérés, pour leurs incessantes réclamations, autant de bienveillance que les généraux.

Les entraves apportées à l'action du service forestier, pour venir d'une autorité civile, au lieu de venir d'une autorité militaire, n'en seraient pas moins regrettables. Les intérêts qui se lient à la conservation des forêts ont un tel caractère de généralité, qu'on ne saurait prendre trop de soin pour les soustraire aux influences locales.

L'institution d'un directeur du service à Alger étant ainsi justifiée, je proposerai de placer sous ses ordres :

1° Deux chefs de bureau ayant rang de conservateur. L'un de ces chefs aurait dans ses attributions les exploitations, les travaux, les routes, etc. ; l'autre, le contentieux, le personnel, la comptabilité, etc. ;

2° Deux agents du service actif, pour remplir les fonctions de sous-chef ;

3° Des commis expéditionnaires dont le nombre serait fixé par l'expérience ;

4° Un interprète.

Voilà le service central organisé; voyons ce qu'il y aurait à faire pour le service extérieur :

D'après la nature des travaux dont j'ai donné le détail, il devrait y avoir un service ordinaire et un service extraordinaire.

Au service extraordinaire appartiendrait le soin de constituer définitivement la propriété forestière de l'Etat et celle des communes, d'en constater les ressources, d'en régler sommairement l'exploitation, de fixer la quotité, par douar, des délivrances usagères, de circonscrire les forêts ou parties de forêts, dans lesquelles les droits d'usage devraient être exercés, de rechercher les enclaves dont le rachat serait opportun, de dresser l'état des bois particuliers, susceptibles d'être défrichés.

Au service ordinaire reviendraient les affaires courantes, exploitations, améliorations, poursuites des délits, personnel, etc.

Le service extraordinaire se composerait de huit commissions : 2 pour la province d'Oran, 2 pour celle d'Alger, 4 pour celle de Constantine. Chaque commission comprendrait : 1 inspecteur chef, 2 sous-inspecteurs, 2 gardes généraux, 2 préposés, 2 géomètres, et recevrait les instructions de la direction centrale à Alger. J'estime qu'à l'aide de ces 8 commissions, le travail fondamental de la constitution de la propriété forestière pourrait être terminé en peu d'années.

J'ai montré que le personnel du service ordinaire n'était pas aujourd'hui assez nombreux pour suffire

à tous les besoins ; mais il prête à d'autres criti-
ques :

Dans un service comme celui de l'Algérie, où
d'ici à longtemps la surveillance sera l'objet princi-
pal de la régie, et où les travaux à faire seront d'une
grande simplicité, je ne vois aucune nécessité
d'avoir une hiérarchie aussi compliquée que celle
qui existe en France ; il est en outre désirable, ici
plus qu'ailleurs, que l'action administrative soit
rapide, et c'est un motif de plus pour qu'on ne la
soumette pas à des rouages trop multipliés. Les
inspecteurs ordinaires peuvent donc, selon moi,
être avantageusement supprimés, et leurs attributions ajoutées à celles actuelles des chefs de cantonnement.

Mais si l'on augmente les attributions des chefs de
cantonnement, il deviendra nécessaire de les confier
à des hommes d'une instruction développée et
d'une éducation distinguée. Les gardes généraux
adjoints réunissent rarement ces deux conditions.
Je bornerais donc leur rôle à celui d'aide de camp
des chefs de cantonnement, lesquels se feraient suppléer par eux, pour les opérations matérielles qui
ne demanderaient pas grand savoir.

Quant aux préposés, leur situation présente me
paraît défectueuse ; d'abord, parce qu'ils sont tous
montés et que ce n'est pas à cheval qu'il est possible de s'assurer des délits qui ont pu être commis
dans une forêt ; ensuite, parce qu'il y a trop de
gardes indigènes. Ces gardes indigènes ne sont
bons qu'à recueillir des renseignements ; on ne

saurait compter sur eux pour exercer une surveillance sérieuse et impartiale : je crois qu'il suffirait d'en avoir un par brigade.

Ces règles étant posées, il n'y a plus qu'à indiquer les bases qui devraient servir à fixer le nombre des agents et des préposés. Or, j'estime :

1° Qu'il suffirait, pour la centralisation des affaires de chaque province, d'un inspecteur faisant fonction de conservateur, auquel seraient attachés un garde général ou un sous-inspecteur sédentaire, un brigadier comptable, un ou deux commis et un interprète ;

2° Qu'un chef de cantonnement pourrait, avec le concours d'un garde général adjoint, gérer, en moyenne, 50 000 hectares, si on lui donnait d'ailleurs un commis et un interprète ;

3° Que chaque garde, quand on l'aura logé à proximité des forêts, sera très capable, vu le peu de densité de la population, de surveiller un triage de 1 500 à 2 000 hectares ;

4° Que des brigadiers, sans triage et montés, ne seront pas surchargés avec des brigades de 8 à 10 hommes.

Une organisation établie d'après ces considérations répondrait, j'en ai la confiance, aux besoins ordinaires du service ; mais à une certaine époque de l'année, lorsque les troupeaux quittent la plaine et lorsque l'élévation de la température favorise les incendies, il serait fort utile de mettre à la disposition du service forestier quelques compagnies de militaires. Je crois même qu'il y aurait avantage sous tous les rapports à ce que ces compagnies fussent, d'une manière permanente, utilisées par les agents forestiers ; car lorsqu'on ne les emploierait pas à la surveillance, on les emploierait à des travaux. Ne pourrait-on pas les composer avec des soldats qui n'auraient plus que deux années à passer sous les drapeaux et qui auraient manifesté le désir d'entrer dans le service forestier? On leur fournirait ainsi l'occasion de faire leur apprentissage, et l'on créerait une pépinière dans laquelle l'Administration forestière recruterait avec sûreté son personnel de préposés.

Une semblable mesure fortifierait l'organisation proposée. Toutefois, celle-ci serait encore incomplète au point de vue du contrôle, comme je vais essayer de le prouver :

Il est certain que les chefs de cantonnement, si on leur alloue des frais de déplacement convenables, pourront faire de fréquentes tournées dans leurs circonscriptions et s'assurer que la surveillance n'y est pas négligée. Les commis, attachés à leurs bureaux, les affranchiront d'une grande partie de la paperasserie qui les retient aujourd'hui à leurs résidences.

Les inspecteurs, chefs de service, auront également, à la condition aussi d'être défrayés de leurs dépenses, beaucoup de temps à consacrer à la vérification de leurs subordonnés ; car il est à espérer que les affaires n'exigeront plus que leur visa, quand elles seront traitées par des chefs de cantonnement intelligents, instruits et expérimentés.

Mais au-dessus des inspecteurs, dans l'état actuel des choses, qui est aussi celui qui existe en France, il n'y a pas de contrôle émanant de la direction supérieure, et c'est certainement là une lacune. Est-il nécessaire, pour la remplir en Algérie, d'instituer des inspecteurs spéciaux qui n'auront pas d'autres attributions que celle de vérifier le service extérieur? — Je ne le crois pas: Les affaires qui arriveront à la direction centrale ne seront en général ni assez nombreuses ni assez difficiles, pour ne laisser aucuns loisirs aux chefs de bureau; et il semble que, sans négliger le traitement desdites affaires, ces chefs de bureau pourraient exercer le contrôle sur place des agents du service extérieur. De cette façon, toutes les garanties d'un bon service seraient réunies.

Le projet d'organisation, qui est joint au présent rapport, a été dressé conformément aux observations qui précèdent; il est accompagné de trois états indiquant : l'un la répartition par province des forêts qui devront être régies exclusivement par l'administration forestière; le deuxième, les travaux urgents à faire; le troisième, les dépenses présumées. Les deux derniers exigent quelques explications :

La répression des délits n'est pas le seul but que doit poursuivre une administration forestière qui a le sentiment de tous ses devoirs. Sans doute, il importe avant tout d'empêcher les bois existants d'être dévastés par les délinquants; mais il importe aussi de favoriser leur croissance, d'augmenter leur valeur et d'en faire pousser d'autres. Pour cela, des travaux sont inévitables : le recepage des bois qui ont été abroutis par le pâturage ou incendiés, le démasclage et le débroussaillement des 300 000 hectares de forêts de chênes-liège que l'État possède encore ; enfin, la préparation du terrain pour en amener le repeuplement naturel, dans les cantons qui ont été parcourus par les coupes : ce sont là des opérations que l'on ne saurait ajourner, et il est non moins urgent aussi de loger les gardes et les brigadiers, afin que leur surveillance ne soit pas illusoire.

Je ne propose pas de reboisements artificiels. Il y a cependant en Algérie bien des pentes qui ne sont couvertes que de chétives broussailles, insuffisantes aujourd'hui pour y retenir la terre végétale et les eaux courantes ; mais avant d'y faire des semis ou des plantations qui seraient nécessairement très onéreux, il convient d'attendre que la réglementation du pâturage soit assurée ; et il est probable d'ailleurs que ces terrains, si l'on parvient à les défendre contre la dent du bétail, se reboiseront d'eux-mêmes le plus souvent.

Quant aux travaux de reboisement entrepris aux environs de certaines villes, il ne me paraît pas convenable de les continuer, à moins que les villes qui sont appelées à en bénéficier n'en payent désormais les frais.

Ces travaux ont coûté fort cher ; ils ne sont pas d'une utilité générale ; on aurait pu faire, dans l'intérêt public, un meilleur emploi des fonds de l'État.

J'ai ajouté aux émoluments dont jouissent actuellement les agents :

Des frais de bureau, variant de 3 à 500 francs, pour les chefs de cantonnement ; ils seront indispensables si l'on donne à ces agents, comme je le propose, les attributions actuelles des inspecteurs.

Des frais de tournées, qui seraient, pour le directeur du service, à Alger, de 25 francs par jour ; pour les chefs de bureau, inspecteurs généraux, de 20 francs.

Pour les inspecteurs, chefs de service, de 15 francs.

Pour les chefs de cantonnement, de 13 francs ;

Et pour les gardes généraux adjoints, de 5 francs.

Je sais par expérience que ces chiffres ne sont pas exagérés ; et si j'ai proportionné l'indemnité au grade, c'est parce que lorsqu'un chef est en tournée il supporte une foule de petites dépenses collectives, qu'il ne pourrait partager avec ses subordonnés, sans nuire à l'opinion qu'ils doivent avoir de son caractère.

Les membres des commissions jouiraient d'une indemnité qui serait : de 1 500 fr. pour les agents, 500 fr. pour les brigadiers. En France, l'indemnité pour les agents est de 1 000 fr.

Enfin, j'ai supposé que le directeur du service jouirait d'un traitement de 15 000 fr.

La dépense totale annuelle de l'organisation projetée s'élèvera à environ 1 500 000 fr.

On trouvera sans doute ce chiffre exorbitant, puisqu'on vient de réduire de 80 000 fr., le budget des forêts, qui était à peine de 600 000 fr. Et cependant, ne fait-on pas, sans hésiter, des dépenses bien plus grandes pour des travaux, dont l'utilité, quelle qu'elle soit, ne saurait égaler celle que présentent la conservation et l'amélioration des forêts?

Sans compter l'armée, le budget des dépenses de l'Algérie, s'est élevé pour 1871 à plus de 40 millions ! Voilà les sacrifices qu'on s'impose pour constituer le capital agricole et industriel; et on reculerait devant une dépense de quelques centaines de mille francs pour constituer le capital forestier ! Ce serait, qu'on me permette l'expression, illogique; car enfin, sans les forêts, l'agriculture dans ce pays serait, sinon impossible, du moins très compromise, et la plupart des travaux destinés à en favoriser le développement auraient été faits en pure perte.

Au point de vue fiscal, l'intérêt qu'il y a à conserver les forêts de la colonie n'est pas moins évident, et il est facile de prouver que, de tous les placements, aucun ne saurait être plus fructueux que celui qui serait affecté à cette conservation.

Actuellement, sur les 1 900 000 hectares qui forment la contenance du sol forestier, il y en a au moins 1 000 000 dont le boisement est maintenu à l'état de broussailles par les bestiaux ; or, l'accroissement moyen de ces bois, calculé à raison de 3 mètres cubes par hectare, chiffre bien modéré dans un pays où la végétation est si active, serait, pour toute leur étendue, de 3 millions de mètres cubes, s'il n'était pas dévoré en germe par les chèvres et les moutons. Qu'on recèpe ces bois-là par dixième de surface ; qu'on mette en défens chaque coupe, jusqu'à ce qu'elle soit à l'abri des ravages du bétail, et dans dix ans on aura rendu à la production forestière 3 millions de mètres cubes par an.

D'un autre côté, on peut, sans exagération, porter à un million de mètres cubes les produits annuels que l'on exploite régulièrement ou irrégulièrement, dans les forêts qui n'ont pas été détruites par les troupeaux ; mais ces produits ne sont pas remplacés, parce que les jeunes semis sont à peine sortis de terre, qu'ils tombent sous la dent des chèvres et des moutons. Qu'on prenne des mesures pour que le repeuplement puisse se développer; et voilà encore un million de mètres cubes dont s'augmentera la production forestière.

Ce n'est pas tout : il est certain que si ces dernières forêts étaient entretenues avec soin, ce ne serait point un million de mètres cubes qu'elles produiraient, ce serait 3 à 4 millions ; de sorte qu'en somme une bonne régie aurait pour résultat d'assurer à la colonie un rendement annuel d'au moins 6 à 7 millions de mètres cubes de matière ligneuse. Qu'on ajoute à ce rendement celui du liège, et la dépense que je propose de consacrer au service forestier cessera de paraître excessive.

En France, les forêts de l'Etat coûtent, pour frais

de régie et d'entretien, à peu près 10 millions de francs ; elles ne contiennent cependant qu'un million d'hectares, et il faudra bien du temps encore avant qu'elles aient atteint leur maximum de production. Si en Algérie, pour des forêts d'une étendue double, on ne demande que 1 500 000 francs, c'est que le moment n'est pas encore venu d'aménager régulièrement ces forêts, et de les doter d'un système complet de vidange. C'est aussi parce que l'on compte sur la fertilité exceptionnelle du sol, pour réparer les dommages que leur ont causés l'aveuglement et l'incurie des hommes.

Je suis avec un profond respect, Monsieur le Gouverneur général, votre très humble et très obéissant serviteur.

Le conservateur des forêts,

Signé : TASSY.

Paris. — Typographie A. Hennuyer, rue Darcet, 7.

www.ingramcontent.com/pod-product-compliance
Lightning Source LLC
Chambersburg PA
CBHW061249050726

47594CB00004B/1436